Uta Engel

Du atmest jetzt schon ganz schön lange AUS

Ein Abschied

Patmos Verlag

Von Engel

zu

Engel …

die
schönsten
hotels
sind aus
polyester und
mit
heringen im
boden
befestigt.

UNGELÖST

Oft frage ich mich,

ob ich genug sagte, als Du mich noch hörtest
ob ich genug zuhörte, als Du noch sprachst
ob ich genug von mir zeigte, als Du es noch sahst
ob ich genug hinsah, als Du mir noch Dinge zeigtest
ob ich ausreichend Geduld mit Dir hatte, als Du sie noch brauchtest
und ob ich meine Liebe auch ausdrückte, als Du noch Liebe empfingst.

Andersrum:

Also, oft frage ich mich,

ob, als Du noch hörtest, ich genug sagte
ob, als Du noch sprachst, ich genug zuhörte
ob, als Du noch sahst, ich genug von mir zeigte
ob, als Du mir noch Dinge zeigtest, ich genug hinsah
ob, als Du sie brauchtest, ich genug Geduld für Dich hatte
und ob, als Du noch Liebe empfingst, ich meine Liebe auch ausdrückte.

Aber wie ich auch frage: Ich kriege keine Antwort.

GESPRÄCH

Einmal hast Du zu mir gesagt:

»Wenn mir mal was passiert, sollst Du wissen:
Ich hatte ein gutes Leben bis jetzt.«

Absurd fand ich diesen Moment.
»Ein furchtbarer Satz«, habe ich gedacht.
»Red' doch keinen Blödsinn«, habe ich gesagt.

Absurde und furchtbar blödsinnige Sätze
können manchmal der größte Trost sein.

gebt den würstchen-
buden-besitzern
ihren mercedes!

Wenn ich
größer
schreibe,

kannst Du das dann lesen von da oben?

gibt es
für jeden
fleck erde eine
landkarte?

VORHER – NACHHER

Bis vor Kurzem war es Dein Händedruck, mit rauer Haut und spürbaren Adern.

Bis vor Kurzem war es Deine leichte Umarmung, bei der eine meist kratzige Wange meine berührte.

Bis vor Kurzem war es Deine dunkle Stimme am Telefon, die langsam und bedacht Sätze sprach und Fragen stellte.

Bis vor Kurzem waren es Deine freundlich und milde gestimmten Augen, die mich anschauten.

Bis vor Kurzem waren es Dein aufmerksamer Geist und Deine offenen Ohren, die mir zuhörten.

Heute ist es mein Finger, der die Hochglanzfolie eines Fotos berührt.

REALITÄTEN

Wenn es dann so ist, ist es nur für Sekunden so.

Wenn es dann so ist, ist es jedes Mal so,
wie vorher nicht gewusst.

Wenn es dann so ist, ist es immer
wieder eine erschütternde Neuigkeit.

Wenn es dann so ist, ist es,
trotz der unzähligen Male davor, unvorbereitet.

Wenn es dann so ist, ist es wahr.

Wenn es dann so ist, ist es unfassbar.

Wenn es dann so ist,
ist es das Ende der Selbstverständlichkeit.

Und wenn es dann nicht so ist, ist es ja trotzdem so.

so funktioniert's:
fülle die badewanne zu 1/3 mit wasser und lege dich möglichst flach hin.

Biete:
ca. 150
Beileids-
bekundungen
Kategorie:
Trost
Kraft
Mut
Licht

Suche: Dich

TITEL-LOS

Ich kann das alles aushalten:
die gelbliche Haut
die farblosen Lippen
die kalte Stirn
die geschlossenen Augen
der Kopf, der ganz klein im Kissen versinkt.
Das Einzige,
was ich mich die ganze Zeit frage, ist,
wann Dein Brustkorb sich wieder hebt.

Du atmest
jetzt schon
ganz
schön lange
AUS

wer ist eigentlich
verantwortlich dafür,

dass es reis
und nudeln gibt?

wer hat das
apfelschälmesser
gesehen?!

DU HAST EINEN SCHÖNEN NAMEN

Er liest sich gut und flüssig

im Personalausweis
auf Rechnungen
in Mietverträgen
in Buchwidmungen zu Weihnachten
in der E-Mail-Adresse
in Initialen auf dem Nummernschild
auf Schließfächern
auf der Innenseite von Heften
auf Bildern
in Artikeln
in Urkunden
auf Kaufverträgen
unter Notizen
und auf dem Klingelschild.

Nur auf diesem Stein – da macht Dein Name keinen Sinn.

Deutsch –
Himmel

Himmel –
Deutsch

Wind: Hier bin ich und trage Dich

Regen: Ich dusche, melde mich später

Sonne: Lass uns den Tag genießen

Wolken: Ich halte gerade Mittagsschlaf

Vögel: Ich erzähle Dir eine Geschichte

Donner: Ich bin grad beim Kollegensport

LEBENSZEICHEN

Sporttasche. Gepackt. Brille neben der Zeitung. Jacken hängen im Flur, im Schrank. Notizen auf dem Schreibtisch. Überall. Noten am Klavier. Aufgeklappt. CDs. CD-Player. Fahrrad. Nicht abgeschlossen. Anrufbeantworter sagt: »Wir sind gerade nicht zu Hause.« Eau de Toilette. Halb voll. Pullover für Winter. T-Shirts. Sommer. Kalender. Termine nächstes Jahr. Lesezeichen im Buch. Kugelschreiber. Mit Initialen. Briefe. Geöffnet. Schallplatten. Aufgelegt. Bilder. Hefte. Schuhe. Socken. In der Wäsche. Zahnbürste. Im Bad. Taschenlampe. Vollmilchschokolade. Angefangen. Kaffeetasse. Nicht abgewaschen. Müslischale. Laufsachen. Pulsmesser. Rasenmäher. Werkzeug. Brille. Noten. CDs. Fahrrad. Eau de Toilette. Pullover. T-Shirts. Kalender. Lesezeichen. Kugelschreiber. Briefe. Schallplatten. Bilder. Hefte. Schuhe. Socken. Zahnbürste. Taschenlampe. Schokolade. Kaffeetasse. Müslischale. Laufsachen. Pulsmesser. Rasenmäher. Werkzeug. Überall. Für Sommer und Winter. Gepackt. Aufgelegt. Aufgeklappt. Halb voll. Angefangen. Geöffnet.

Und jetzt?

mehr denken,
weniger reden!

gibt es eigentlich noch ajona?

DER ANDERE SCHMERZ

Wollte es machen wie immer.

Ausweichen.
Weglaufen.
Mich drumherumschlängeln.
Schönreden.
Fernträumen.
Ablenken.
Vorbeischauen.
Wegtauchen.
Und wenn gar nichts geht, versuchen, eine Lösung zu finden.

Irgendwas hat sonst immer funktioniert

– im Leben.

Falls es Bücher gibt da oben ...

... du warst ...

... auf Seite 85!

wie funktioniert das eigentlich mit den possessivpronomen?

EINSAM, ABER NICHT ALLEIN

Man stelle sich kleine autarke Inseln vor, die im Meer schwimmen und die jeweils Platz für einen Bewohner haben. Man kann von seiner eigenen Insel die anderen sehen und auch deren Inselbewohnern aus der Ferne zuwinken und man weiß, dass man denen verbunden ist, dadurch, dass alle Inselbewohner dieselbe Aufgabe meistern müssen: das Überleben auf einer einsamen Insel. Aber gegenseitig besuchen kann man sich nicht. Der Weg ist zu weit und auch schwer zu finden. Manchmal schaut man rüber, um zu sehen, wie die anderen die Situation so bewältigen. Und man fragt sich, wie der eine alles vertrocknen lassen kann oder der andere sich häuslich einrichtet – so als wolle er nie wieder weg – oder der nächste in der Sonne liegt und aus Kokosnüssen schlürft – so als wäre nie was passiert. Und dabei winkt man sich wieder zu, in dem Wissen, es irgendwie gleich und dennoch so anders zu haben. Und wenn der Wind gut steht, sodass er die Stimme bis auf die andere Insel trägt, fragt man, ob der andere auch solche Schwierigkeiten hat, Holz für den Bau der Hütte zu finden. Und dann sagt der andere, bei ihm gebe es ausreichend Holz und dass Holz – abgesehen davon – sowieso unwichtig sei. Viel wichtiger sei es, frühzeitig Gemüse zu pflanzen. Und dann weiß man zwar, wovon der andere spricht, aber trotzdem würde man auch gerne erklären, warum man selbst die Hütte baut – man weiß nur nicht wie. Dann ruft man noch kurz »Tschüss, bis bald und viel Glück beim Gemüse« und konzentriert sich wieder darauf, das Holz zu finden.

waldlauf
sollte ein
fach
in der
schule
sein

Wir: »die Hinterbliebenen«
Du: »der Hingeschiedene«

Wir: »die Hinterlassenen«
Du: »der Heimgegangene«

Wir: »die Trauernden«
Du: »der Verblichene«

Wir: »die Angehörigen des«
Du: »der Verstorbene«

Möchte, dass wir alle wieder richtig heißen.

1+1+1+1=

5 im Herzen

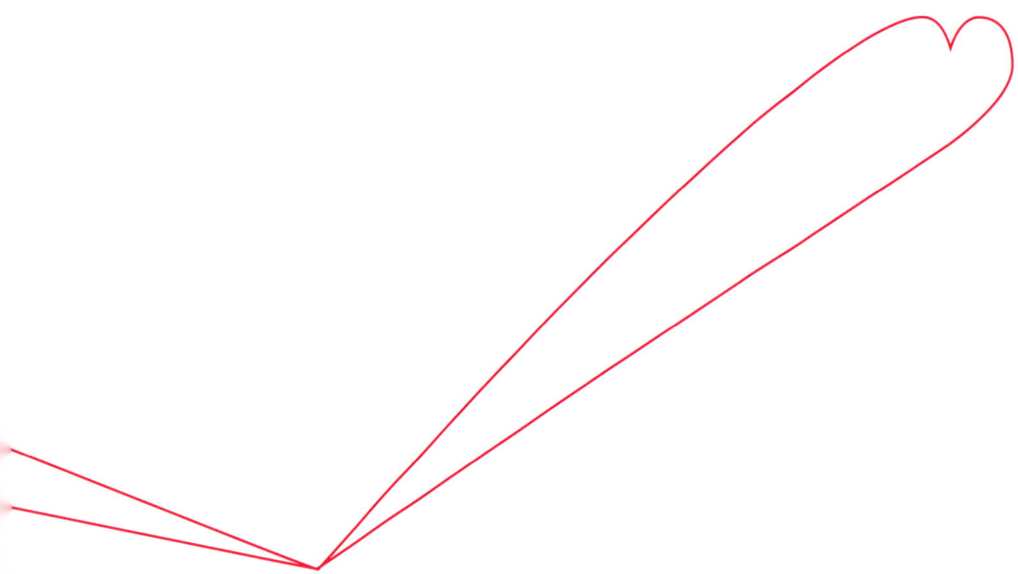

CHRONOLOGIE

Wir verbringen Weihnachten zusammen
und du tanzt um den Weihnachtsbaum.
Gleich danach Silvester.
Wir sagen: »Frohes neues Jahr, Gesundheit und Glück.«
Du bist müde und bleibst nicht lange wach.
Geburtstag – alle kommen.
Du fragst mich: »Geht es dir gut?« Ich sage: »Ja.«
Du gehst mit mir in den Garten, als ich meine Zigarette rauche.
Ich erinnere mich nicht, worüber wir gesprochen haben.
Erinnere mich nicht, worüber.
Erinnere mich nicht.
Bett. Schläuche.
Angst. Singen.
Angst. Fremd.

Einmal Augen auf. Und dann für immer zu.
Ende.

TRAUMTREFFEN

Wollte Dich immer im Traum treffen.
Du weißt schon –
nochmal alles sagen können,
ein Gespräch,
wissen, ob es Dir gut geht,
nochmal Deinen Ratschlag hören –
Dir sagen, wie sehr Du mir fehlst.
Und dann habe ich geträumt.
Es klopft an meiner Tür.
Ich mache auf und da stehst Du.
Kann nichts sagen – so außer mir bin ich.
Du kommst rein,
schaust mich an voller Wärme und sagst:
»Ich habe meine Taschenlampe vergessen.«
Du nimmst sie Dir und gehst.

Jetzt weiß ich:
Wo immer Du auch bist –
Du bist noch derselbe.
Und ich weiß auch:
Wir hatten uns bereits alles Wichtige gesagt,
als Du noch hier warst.

Lass Deine Seele

fliegen

UTA ENGEL ist Diplom-Kauffrau sowie ausgebildete Bühnentänzerin und arbeitet in beiden Berufsfeldern aktiv. Sie ist als freischaffende Choreographin für Tanz & Tanztheater tätig, berät und betreut künstlerische Projekte und Produktionen und leitet den Marketingbereich eines Hamburger Unternehmens. Die Texte für dieses Buch entstanden aus persönlicher Betroffenheit heraus durch den plötzlichen Verlust ihres Vaters und nach zahlreichen Gesprächen mit anderen Menschen, die ebenso Verlust und Abschied erlebt haben.

© Uli Schulenburg I Xello

»Ich weiß nicht, ob ich mit dem Schreiben meinen persönlichen Verlust verarbeitet habe – und doch habe ich das für mich Unbeschreibliche beschrieben und ihm dadurch eine Form gegeben. Wenn das Unbeschreibliche fassbar wird, verliert es seine Macht, eine ehrliche Konfrontation wird möglich. Mich verbindet seit jeher eine große Leidenschaft mit dem Schreiben und dem Suchen nach dem richtigen Wort. Einen gefühlten Zustand in einem Satz oder einem Text erfassen zu können, bändigt das Übermächtige und macht es vielleicht ein Stück weniger beängstigend. Wenn Sprache es schaffen kann, das emotionale Wissen auszudrücken, das wir teilen und doch oft nicht benennen können, bekommt das Erlebte, das manchmal größer als wir selbst erscheint, einen Platz. Das gilt für die kleinen, alltäglichen wie auch für die großen, einmaligen, lebensverändernden Momente.«

VERLAGSGRUPPE PATMOS

PATMOS
ESCHBACH
GRÜNEWALD
THORBECKE
SCHWABEN

Die Verlagsgruppe
mit Sinn für das Leben

MIX
Papier aus verantwortungsvollen Quellen
FSC www.fsc.org FSC® C095359

Für die Schwabenverlag AG ist Nachhaltigkeit ein wichtiger Maßstab ihres Handelns. Wir achten daher auf den Einsatz umweltschonender Ressourcen und Materialien. Dieses Buch wurde auf FSC®-zertifiziertem Papier gedruckt. FSC (Forest Stewardship Council®) ist eine nicht staatliche, gemeinnützige Organisation, die sich für eine ökologische und sozial verantwortliche Nutzung der Wälder unserer Erde einsetzt.

www.patmos.de

Gestaltung: Finken & Bumiller, Stuttgart/Saskia Bannasch
Druck: Himmer AG, Augsburg
Hergestellt in Deutschland
ISBN 978-3-8436-0226-6